Geneviève Behrend

Realize todos seus
DESEJOS

Deixe que a mente subconsciente trabalhe para você

© Publicado em 2016 pela Editora Isis.

Revisão de textos: Rosemarie Giudilli
Diagramação e capa: Décio Lopes

DADOS DE CATALOGAÇÃO DA PUBLICAÇÃO

Behrend, Geneviève

Realize todos seus Desejos – Deixe que a mente subconsciente trabalhe para você / Geneviève Behrend | 1ª edição | São Paulo, SP | Editora Isis, 2016.

ISBN: 978-85-8189-080-7

1. Esoterismo 2. Autoajuda I. Título.

Proibida a reprodução total ou parcial desta obra, de qualquer forma ou por qualquer meio seja eletrônico ou mecânico, inclusive por meio de processos xerográficos, incluindo ainda o uso da internet sem a permissão expressa da Editora Isis, na pessoa de seu editor (Lei nº 9.610, de 19.02.1998).

Direitos exclusivos reservados para Editora Isis

EDITORA ISIS LTDA
www.editoraisis.com.br
contato@editoraisis.com.br

SUMÁRIO

Introdução 9
   O Poder do Pensamento 9
   O Mestre e a Discípula 11
   Um Campo de Estudo muito Científico 13

Dedicatória 15

Capítulo 1 – Como Conseguir o que Deseja 17
   As Leis da Vida 17
   Os Graus de Inteligência 19
   O Segredo para Controlar suas Forças Vitais 20
   Pensar sem Agir é Ineficaz 21
   Como Iluminar seu Caminho 22
   Todo Efeito tem sua Causa 23
   Dirigir o Pensamento 24

Capítulo 2 – Como Superar Circunstâncias Adversas 27
   O Espírito Fundamental ou Originário 27
   A Sua Mente em Relação com a Mente Universal 29
   Criar as Circunstâncias por Meio do Nosso Pensamento ... 31
   Aprender a Pensar por Si mesmo 33

As Leis da Natureza *35*

Criar o que Necessitamos e Eliminar o que não Queremos... 36

Meu Pai de Amor e Eu somos Uno *38*

Capítulo 3 – Como Reforçar a Vontade 39

A Importância da Vontade *39*

O Treino da Vontade *41*

Prática da Vontade *44*

Capítulo 4 – Como Fazer que a Mente Subconsciente Trabalhe para Você 47

Entre no Espírito do seu Desejo *48*

Prática para Alcançar seus Desejos *49*

Viver Sentindo-nos Protegidos *52*

Como Desenvolver a Saúde e a Harmonia *53*

Mantenha o Pensamento do que é para que se Guie para o que Queira Ser *54*

Como Alcançar a Conexão com Nosso Poder Criativo *56*

Fluir de Acordo com a Verdadeira Ordem *58*

Capítulo 5 – Ajudas Rápidas e Concretas 61

A Ansiedade *61*

A Autocompaixão *62*

O Ciúme *64*

A Ira *65*

A Culpa *66*

A Decepção *67*

O Desânimo *68*

O Descontentamento *69*

A desgraça *70*

A Enfermidade *70*

A Inveja *71*

A Indecisão *72*

O Medo *73*

A *Sensibilidade Excessiva* *74*

Conclusões 75

Glossário 79

Absoluto *79*

Amor *80*

Cérebro *80*

Circunstâncias *81*

Concentração *81*

Conceito *81*

Consciência *82*

Condições *82*

Criar *82*

Crença *83*

Cristo *83*

Corpo *83*

Espírito *84*

Fé *85*

Inteligência *86*

Morte *86*

Palavra *87*

Pensamento *87*

Ser *87*

Verdade *88*

Visualização *88*

INTRODUÇÃO

O PODER DO PENSAMENTO

A história do homem está marcada pela eterna busca da verdade.

Depois do desenvolvimento cultural, social e econômico das grandes civilizações do passado e do legado dos pensadores que mais influenciaram sobre nosso futuro, encontra-se esse desejo por conhecer nosso lugar no mundo e o sentido da nossa existência.

Existe Deus? Pode-se falar de uma energia inteligente que cria e move o Cosmos?

Somos resultado de um cúmulo de fortuitas coincidências?

Nos dias de hoje, poucos podem dizer que iluminaram seu entendimento até a absoluta compreensão da verdade, e não obstante existem mentes privilegiadas que se acercaram dela Thomas Troward foi uma dessas mentes.

Este livro foi publicado no ano de 1929, fruto das "classes magistrais" de Troward a Geneviève Behrend.

A própria Behrend recopilou os ensinamentos mais poderosos recebidos durante os quatro anos em que recebeu a orientação de Troward, e escreveu esta obra da mesma forma dialogada, do jeito que havia recebido.

Apesar da atualidade do pensamento de ambos os autores, quisemos revitalizar este texto, extraindo sua essência mais prática, reestruturando seus ensinamentos, enfatizando suas máximas e afirmações e centrando-nos em facilitar sua aplicação partícular a tudo que se aproxime dele.

O que faz com que *Como alcançar todos os seus desejos* seja tão atual e valioso é a clareza com que nos ensina a descobrir e a desenvolver o poder do pensamento para mudar nosso estado interior e nossas circunstâncias, ensinando-nos a nos centrar no que queremos alcançar em lugar de nos perder naquilo que nos sucede, sem a intervenção da nossa vontade.

Já, ambos os autores haviam descoberto a força das afirmações e a observação do nosso interior como meio de sincronizá-lo com o que nos rodeia. Como o próprio Troward dizia: (Eu sou) é a palavra de poder.

Se você crê que seu pensamento é poderoso, seu pensamento é poderoso.

O MESTRE E A DISCÍPULA

Troward e Behrend foram duas inteligências insólitas que se encontraram em um momento em que o homem começava a se abrir a novas realidades mais sutis, e seu legado é um ensinamento que vai além do seu tempo e chega intacto aos tempos de hoje.

Troward inculcou em sua discípula uma atitude adversa consigo mesma como um meio para mudar uma realidade caprichosa e mesquinha. Se nosso pensamento é criador, por que não dedicar todos os nossos esforços para dirigir esse poder criativo? É como ter um carro de corridas e não saber manejar o volante.

Evidentemente, o sentido comum que se impõe ante esse desejo de construir nosso destino e nossas circunstâncias é o que fez que ambos quisessem lutar em um mesmo sentido.

Thomas Troward nasceu em meados do século XX na Índia. Filho de pais ingleses, concluiu sua formação acadêmica na Inglaterra, mas sua posterior permanência durante mais de vinte e cinco anos no país asiático foi determinante em para sua busca espiritual.

Nem seu trabalho de juiz, nem seu amor apaixonado pela pintura, tiveram tanta importância em sua vida quanto o estudo dos principais textos sagrados orientais, a tradição religiosa hebraica e acima de tudo a Bíblia.

Troward encontrou na palavra de Jesus Cristo a luz que necessitava para orientar sua bússola, mas abriu um novo caminho que ia além dos dogmas estabelecidos pela Igreja, desenvolvendo um sistema filosófico que ajudasse o homem a encontrar a saúde, a alegria e a paz espiritual por meio do poder do pensamento.

Geneviève Behrend foi a única discípula que Troward teve. Por um lado, ele nunca quis erigir-se como mestre, mas por outro, provavelmente não houve ninguém mais capacitado para receber e transmitir posteriormente seus ensinamentos do que ela. Prova disso é que de 1912 até 1914, Behrend centrou-se exclusivamente em absorver a sabedoria e filosofia de vida de Troward.

Depois desse período, converteu-se na mais decidida transmissora do "Novo Pensamento" destilado nas ideias e nos ensinamentos do seu mestre. Escreveu diferentes livros, mas todos transmitem de alguma forma os ensinamentos que Troward lhe inculcou, para usar o poder transformador do pensamento.

UM CAMPO DE ESTUDO MUITO CIENTÍFICO

Um dos livros de mais sucesso nos últimos anos, *O Segredo de Rhonda Byrne* reconhece a influência da filosofia de Troward na sua gestação. E é que o influxo desse se encontra muito mais presente do que se possa pensar.

Esse autor batizou seu campo de estudo de "Ciência Mental" - ainda que mais tarde se englobasse na corrente denominada "New Thought", (Novo Pensamento) já que sua pretensão foi sempre a de se acercar com firmeza da investigação do Ser a partir do ponto de vista científico.

Era consciente de que seu tema de investigação raiava os limites da teologia e da religião e esforçou-se por não cruzar essa linha.

Não se soube de cientistas posteriores que tenham sido tão intrépidos, e seu trabalho responde sem restrições e de forma convincente a determinadas perguntas que desconcertam muitos cientistas na atualidade, questões como a efetividade dos placebos em enfermos cujo tratamento médico foi infrutuoso ou curas inexplicáveis sob a influência de uma mente carismática ou poderosa. Definitivamente, se trata de ver como a combinação que se estabelece entre pensamento, crença e intenção, tem um efeito sobre nossa conduta, nossa saúde e nosso bem-estar, um efeito mais real do que muitas das circunstâncias materiais que damos como certas.

Em alguns aspectos, a física quântica está provando hoje em dia as proposições de Troward: experimentos que provam o poder da intenção, a lei da atração, a sincronia entre estados internos e circunstâncias externas etc.

Não obstante, é possível que haja pessoas que, inclusive estando muito convencidas desses argumentos, vejam como impossível realizar esses fatos nelas mesmas.

As chaves estão todas contidas nesse livro. Leia-o, estude-o e pratique-o. Comprovará por si mesmo até onde pode chegar o poder do pensamento.

Nenhum homem bom deveria perder-se!
O que foi, deveria existir para sempre

Robert Browning.

Compreendo que tudo o que faça Deus é duradouro.
Nada há a acrescentar nem nada a retirar.
O que é, já antes foi, o que será, já é.
E Deus reestrutura o passado.

(Eclesiastes: 3,14-15).

DEDICATÓRIA

Apresento reverentemente estas páginas, que representam a torrente de um coração pleno, no altar da recordação de um homem que foi sábio e santo, mestre e guia e meu muito querido amigo, o juiz.

Thomas T. Troward, G. B.

CAPÍTULO 1

COMO CONSEGUIR O QUE DESEJA

E conhecereis a verdade e a verdade os libertará.

São João: 8, 32.

AS LEIS DA VIDA

O mais verdadeiro da vida é que em si mesma contém alegria e liberdade absoluta: liberdade da mente, do corpo e das circunstâncias. Não cometa o típico erro de julgar tudo unicamente a partir de um ponto de vista material. A vida preenche todo o espaço, e através da compreensão e do uso de suas Leis, pode-se dirigir uma qualidade particular de força criativa, que, se mantida no seu lugar mediante a vontade, será totalmente possível de reproduzir em sua correspondente forma física.

Quando se conhecem as Leis da Vida, esse conhecimento nos proporciona ideias que nos permitem controlar qualquer circunstância ou condição adversa. Observe uma flor. É formosa, não é verdade? Não lhe demonstra isso a indiscutível presença de uma Grande Inteligência que se expressa através da beleza, da forma, da cor e acima de tudo, da alegria?

A inteligência que se expressa na mente do ser humano, como força de iniciativa e seleção, é a expressão mais elevada de Vida Inteligente.

As plantas, os animais e o ser humano, todos representam a mesma Força Universal. A única diferença estriba-se em seus distintos graus de inteligência. A inteligência está presente em nós, mas só pode aumentar se for utilizada de maneira construtiva.

OS GRAUS DE INTELIGÊNCIA

Quanto maior for sua inteligência, mais fácil lhe resultará pôr em prática o nível mais elevado de energia criativa. Quanto mais desenvolve sua inteligência – e com isso não quero dizer intelectualmente ou lendo livros, mas através da autoaprendizagem – mais fácil lhe será observar como vão desaparecendo, de modo quase imperceptível, suas antigas e limitadas ideias acerca do que não é ou não pode ser, fazer ou ter.

Se utilizar a inteligência e confiar nela para dirigir-se a Deus, acabará reconhecendo que você também faz parte dessa Inteligência Superior, como uma gota de água é parte do oceano. Não é uma vítima, mas que faz parte do Universo.

O grau superior de inteligência é essa forma de vida capaz de reconhecer-se a si mesma em relação com toda a inteligência existente. Quando se está convencido de que qualquer realidade ou circunstância física tem sua origem nas atividades da mente – nosso pensamento – torna-se capaz de vencer qualquer tipo de adversidade, porque se compreende que sempre é possível controlar os próprios pensamentos.

Sempre havemos de ter a determinação de criar nosso próprio pensamento. Deve-se pensar por si mesmo e a seu modo, com a independência do que seus antecessores pensaram, apesar de que alguns deles alcançaram as metas desejadas.

O SEGREDO PARA
CONTROLAR SUAS FORÇAS VITAIS

Em todo momento, a capacidade de utilizar o poder inesgotável que reside nas leis da sua própria natureza e que é propriamente seu depende de que reconheça sua presença. A mente individual é o instrumento através do qual tenta expressar-se por si mesma nossa mais elevada forma de inteligência, cujo poder é imenso. Quando considera que uma situação está além do seu controle, passará a estar realmente.

De que serve a alguém dizer que tem fé, se suas ações não o demonstram?

Sem suas revelações, Deus seria um Dom ninguém.

PENSAR SEM AGIR É INEFICAZ

O reconhecimento do que está inseparavelmente conectado com a alegria, a vida, a inteligência e o poder do Grande Tudo, mantido sem titubear e levado à prática, solucionará qualquer problema, porque seu pensamento porá em ação certas ideias do mais alto grau de inteligência e poder, que controlam de modo natural os níveis inferiores.

COMO ILUMINAR SEU CAMINHO

É imprescindível que compreenda que a causa do nosso fracasso ou de nossa contínua desgraça radica em nós mesmos. O esforço tenaz e seguro sempre reporta satisfação. Trate de utilizar o poder de pensar e sentir positivamente, a fim de alcançar resultados positivos.

A Inteligência sempre se manifesta na capacidade de resposta. Toda a ação do processo evolutivo à Vida, desde seus princípios inanimados até sua manifestação em forma humana é uma resposta inteligente contínua.

Se decidir reconhecer a presença de uma Inteligência Universal que permeia toda a natureza, também reconhecerá uma correspondente capacidade de resposta oculta no mais profundo de tudo o que existe – nas árvores, nos brotos das ervas, nas flores, nos animais, e de fato em tudo – que sempre está disposto a passar à ação quando se lhe exija que o faça.

TODO EFEITO TEM SUA CAUSA

Tudo é vida e tudo é lei e ordem. Na realidade não há coincidências e não podemos nunca dizer: *"Isto aconteceu por acaso".*

O melhor método para aprender é reviver as experiências passadas. Analise quais pensamentos e sensações estavam presentes quando conseguiu o que se propunha e quando fracassou. Logo, extrai suas próprias conclusões.

Nenhum ensinamento escrito ou falado pode igualar-se a isso.

O propósito da vida é dar expressão à nossa alegria, beleza e poder, através de um instrumento particular: nosso pensamento. Seja qual for a justificativa que acreditasse ter em determinado momento, qualquer sensação de desânimo, insatisfação ou ansiedade faz com que o cumprimento do seu desejo se afaste de você cada vez mais.

Pode despojar-se de um pensamento prejudicial mantendo uma atitude mental positiva a respeito do seu desejo mais íntimo, como se fosse um fato consumado, quer seja um estado de ânimo, quer seja algo material.

DIRIGIR O PENSAMENTO

Não é possível ter pensamentos positivos e negativos ao mesmo tempo. Quando pensa uma coisa e diz outra, seu pensamento é único.

Diz involuntariamente uma coisa, enquanto pensa noutra. Definitivamente, suas palavras não são a expressão do pensamento que há em sua mente.

Tentar acreditar-se um triunfador e um fracassado ao mesmo tempo não é possível. É impossível ter pensamentos positivos e negativos simultâneos.

Como indivíduo, pode controlar as circunstâncias através da compreensão da sua relação pessoal com a Inteligência que governa o Universo.

Quando a tríade de inimigos – medo, ansiedade e desânimo – o assaltem, envenenando-lhe a mente e o corpo, desperte seu poder para atrair o que deseja, começando imediatamente a respirar fundo e a repetir com tanta rapidez quanto seja possível, em voz alta ou em silêncio, a seguinte afirmação que é um poderoso antídoto contra esse veneno e uma potente garantia da atração de Deus:

"A Vida que há em mim está
inseparavelmente conectada
com toda a vida existente

e por completo dedicada
ao meu avanço pessoal".

Não se impaciente consigo mesmo porque não obtenha êxito em todas as suas tentativas. O que conta é a intenção.

Seja diligente e paciente e terá assegurado o êxito.

CAPÍTULO 2

COMO SUPERAR
CIRCUNSTÂNCIAS ADVERSAS

Não existe nada bom nem mal;

é o pensamento humano que

o faz parecer assim.

Shakespeare.

O ESPÍRITO FUNDAMENTAL OU ORIGINÁRIO

Se deseja superar circunstâncias adversas ou manter algumas favoráveis, é necessário ter certo conhecimento acerca do Espírito fundamental motivador e da relação que temos com ele.

Não é necessário negar a realidade do mundo físico, nem considerá-lo uma ilusão. Pelo contrário, *admitindo a existência do físico, se acaba sendo testemunha da realização de um grande processo invisível e criativo.*

O Princípio de Vida que nos anima é *a mesma vida do pensamento e dos sentidos. Você é um veículo, um meio transmissor do Espírito criador da vida.* Você pode controlar as circunstâncias e as condições do seu mundo individual, *das quais você mesmo é a pedra angular,* conseguindo que seus pensamentos e suas sensações se correspondam com as forças originárias e inteligentes da vida.

Seja prático no seu raciocínio e diligente em seus atos.

O gérmen de vida que há em você é uma Inteligência que pode invocar todas as forças do Universo, mas que só é capaz de operar por meio da sua inteligência, conforme o que você cria *com segurança que pode e que vai conseguir.*

Verta as condições adversas com as que se confronta em uma corrente contínua de confiança no poder de Deus que há dentro de você, e à medida em que o faça, *mudarão.*

A SUA MENTE EM RELAÇÃO COM A MENTE UNIVERSAL

Utilize seu sentido comum e todas as suas faculdades mentais, tanto quanto lhe seja possível, e esforce-se em manter perante o olho da mente o pensamento de que toda condição física ou material da sua vida responde à sua tendência habitual de pensamento, e que essa tendência de pensamento sua acabará convertendo-se na reprodução do modo como considera sua vida pessoal em relação com a vida na sua totalidade.

O importante é dar-se conta de que, tal qual indivíduo complexo, é um centro especializado através do qual toma forma a força e a essência da vida, que respondem exatamente as suas ideias mais habituais.

A relação entre a mente individual e a Mente Universal é de ação recíproca. Há de captar esse princípio de reciprocidade para compreender porque, às vezes, não chega a desfrutar da vida e, não obstante, pode alcançar seu completo desfrute.

Exatamente igual e da mesma forma que a lei da gravitação demonstra porque o ferro se afunda na água, mas ao mesmo tempo se pode conseguir que flutue.

A Mente Universal criou sua mente com o propósito direto de expressar-se através de você. A ação recíproca entre sua mente e a Mente Universal poderia comparar-se a de uma árvore e seus galhos. Sua mente é a expressão específica da Mente Universal, da qual extrai seu poder para pensar, do mesmo modo como a copa de uma árvore é sua parte específica, que não está separada dela, mas que é uma de suas partes.

Assim, pois, entre a Mente Universal ou a Vida e sua própria expressão particular – que é sua mente – existe uma interação constante como o que ocorre entre a árvore e suas distintas partes: os galhos e as folhas extraem continuamente o sustento do seu tronco.

A ação do seu pensamento é a ação particular da Mente Universal.

Ao se ver feliz e contente, se eleva sua mente mediante a repetição constante de uma afirmação alegre, comprovará a rapidez com que se dá a correspondente reação.

As circunstâncias adversas superam-se invertendo a causa originária que é o próprio pensamento.

A ansiedade e o medo sempre atraem circunstâncias da mesma natureza. Ao ser invertida essa tendência e recriados unicamente aqueles pensamentos que originam harmonia e segurança, as circunstâncias adversas, dessa forma, se desvanecerão, e em seu lugar irão aparecer as condições correspondentes à sua mudança de mentalidade.

CRIAR AS CIRCUNSTÂNCIAS POR MEIO DO NOSSO PENSAMENTO

Dispondo concisa e inteligentemente seus pensamentos e buscando no seu interior as soluções dos seus problemas em lugar de fazê-lo fora, pode estar seguro de que as ideias chegarão a você e que se as seguir, criarão novas circunstâncias distintas daquelas proporcionadas pela natureza.

Imagine a força da água que espontaneamente proporciona a natureza e que o homem utiliza para mover um moinho.

Vemos que essa força não é maior ou menor, dependendo da nossa vontade, mas o homem a amplia e a ajusta às suas necessidades, em seu próprio benefício.

A verdadeira ordem do processo criativo é justamente o contrário do que costumamos pensar, já que o pensamento e o sentimento são as causas originárias que conformam as condições externas e não ao contrário.

Este é o princípio básico a partir do qual surge a lei genérica de todo o processo criativo, para conseguir que dê fruto toda sua Inteligência e sua Energia.

A lei é: O ser humano converte-se naquilo que pensa.

Se quiser se afastar de uma situação indesejável, deve adotar o método científico do pensamento afirmativo e segui-lo como um fator decisivo da sua vida.

Sua inteligência é o instrumento por meio do qual a Grande Inteligência do Universo adota constantemente uma forma concreta.

O reconhecimento contínuo desse fato lhe permitirá encontrar uma saída de qualquer sentimento de limitação que possa manifestar-se na sua experiência individual.

APRENDER A PENSAR POR SI MESMO

Ninguém pode pensar por outro.

Suas ideias devem ser o resultado do esforço decidido em reconhecer sua própria inteligência individual como o instrumento em que constantemente se concretiza a Inteligência Superior.

Se estiver o suficientemente convencido do poder do seu próprio pensamento não necessitará nenhuma outra força de apoio além da própria convicção.

Não poderemos compreender nossa relação com o Grande Todo se não entendemos que não se trata somente de uma força criadora, mas também, formativa.

A Lei da Vida é também "Deus e Companhia".

Você é a Companhia, e se quiser obter proveito dessa associação, não pode, nem por um instante, ser uma parte ociosa. Haverá ocasiões em que lhe será difícil transferir seu pensamento do externo à esfera interior do Princípio Criador e mantê-lo alegremente aí até que as condições externas respondam às ideias que tem em mente, mas o certo é que nunca deve existir tensão alguma.

Sob circunstância alguma deve permitir-se cair no hábito do devaneio ocioso. O lado material da vida não deve ser desprezado, pois é o exterior do seu correspondente interior e tem, em consequência, sua importância e seu lugar. O que se há de evitar é que a aquisição de bens materiais seja seu objetivo prioritário, não obstante quando determinados fatos externos apareçam no círculo da sua vida, deverá trabalhar com eles diligentemente e com sentido comum. Lembre-se de que as coisas são símbolos e o que simbolizam é mais importante do que o próprio símbolo.

AS LEIS DA NATUREZA

O conhecimento de que a natureza lhe obedece, exatamente, no mesmo grau em que você obedece à natureza sempre conduz à liberdade.

A principal e mais importante lei da natureza é a harmonia.

Comprovará os resultados da lei da harmonia no formoso mundo que o rodeia. Se obedecer às sugestões da natureza e seguir a lei, receberá todos os benefícios que lhe pode oferecer: saúde, fortaleza, alegria, etc., pois todas as suas leis reportam à liberdade e harmonia.

Irá descobrir que a natureza responde seguindo as mesmas pautas, sempre que seus pensamentos e suas ações estejam de acordo com as leis.

CRIAR O QUE NECESSITAMOS
E ELIMINAR O QUE NÃO QUEREMOS

O pensamento tal e qual, sempre é criativo, quer seja bom, quer seja mau. Não basta penetrar no espírito do seu raciocínio durante quinze minutos por dia com a confiança interior de que está dirigindo uma energia infalível e certa para uma manifestação física desejada, e logo passar o resto dos seus momentos de vigília consumidos por dúvidas e medo. Se estimular seu sentimento de fé, a resposta será imediata.

Para eliminar as dúvidas e o medo, o pensamento que eu utilizo com mais frequência é o seguinte:

Minha mente é um centro de funcionamento divino. O funcionamento divino sempre tende à expansão e à expressão total e isso implica a produção de algo que está além do que alcancei com anterioridade, algo totalmente novo, que não vivi em experiências passadas e que se alcança mediante uma ordenada sequência de crescimento. Assim, pois, como o divino não pode mudar sua própria natureza, deve operar da mesma maneira em mim. Por isso, meu próprio mundo, de que sou o centro, avançará, a fim de produzir novas condições, sempre mais adiante de qualquer que haja criado antes.

Sempre que sinta que se obstaculiza seu caminho para a liberdade, esforce-se o quanto possa para viver com o espírito da sua afirmação e não demorará em descobrir que sua mente recebe ideias, que, por segui-las, o conduzirá ao caminho da liberdade absoluta.

Ainda que o medo seja o inimigo mental mais destrutivo e parece encontrar-se sempre presente em tudo, quando se chega a compreender que o medo tem tantas possibilidades de se manifestar como a própria fé, é possível proteger-se melhor, dependendo da qualidade do pensamento que se albergue.

No instante em que comece a sentir medo, saia para o ar livre, se for possível, e caminhe energicamente dois ou três quilômetros respirando fundo, mantendo alto o queixo e o peito erguido.

Pense em si mesmo tal e qual o rei de tudo o que contempla e assuma uma atitude de comando adequada.

Cada vez que respire, repita esta afirmação:

Estou respirando a Vida, o Amor e a Força do Universo neste momento!

Contenha a respiração por um segundo, com esta afirmação no centro da sua mente; logo expire com o mesmo pensamento e transmita-o para que se mescle com o éter do universo.

MEU PAI DE AMOR E EU SOMOS UNO

Se não puder sair ao ar livre, adote a mesma atitude, esteja onde estiver. Respire fundo, repita a afirmação e sinta verdadeiramente que está protegido e que lhe chega todo o amor e a força que a Vida tem para transmitir-lhe. O medo desaparecerá e poderá retomar aquilo que estava fazendo. A prática conduz à perfeição.

CAPÍTULO 3

COMO REFORÇAR A VONTADE

Todo o bem que temos desejado, esperado ou sonhado, existirá;não de uma forma parecida, mas exatamente da forma como esperamos.

Robert Browning.

A IMPORTÂNCIA DA VONTADE

É muito importante contar com o conhecimento suficiente acerca da nossa própria vontade para que não se desperdice, ou para que não se perca por não entender qual é o seu lugar e o seu poder.

As situações criadas a partir da simples força de vontade desaparecem enquanto esta se relaxa.

A vontade é a força de controle que há na sua mente e que mantém seu pensamento em uma direção determinada até que se alcance um resultado.

A vontade é uma estabilizadora do pensamento.

Se a imaginação é a função criativa, a vontade é o princípio centralizador; sua função consiste em dirigir a imaginação no sentido correto.

O êxito ou o fracasso dependem só de uma coisa: o controle mental.

A vontade é o fator de controle e sua função sempre é a mesma: manter as faculdades mentais para que possam realizar o labor que se pretende delas.

Com uma vontade adequadamente formada é possível eleger um pensamento, mantê-lo até que haja finalizado sua tarefa, soltá-lo e logo escolher outro pensamento, repetindo uma e outra vez o processo se assim se deseja.

Em poucas palavras, pode-se trabalhar quando tem de se trabalhar e divertir-se quando tem de se divertir.

Uma vontade bem formada e desenvolvida mantém-nos em qualquer atividade que desejemos, sem nos provocar qualquer tensão, e seu uso nunca ocasiona sensação de fadiga.

O princípio para desenvolver a vontade é assumir uma determinação calma e tranquila, dirigida a manter uma atitude mental concreta apesar de todas as tentações que venham em contrário, sabendo que ao fazê-lo assim, aparecerá o resultado desejado.

O TREINO DA VONTADE

Ao treinar sua vontade você se torna consciente do tremendo poder que atua nos planos do princípio ou causa primeira de todas as coisas aparentemente físicas.

Este poder é a Inteligência Viva do Universo.

Explique-se a si mesmo o que deseja de maneira clara e concisa, sabendo que cristalizará como um fato objetivo – e confiando em que o fará – porque sua vontade age sobre a Inteligência informe e criativa e faz com que adote a forma que decidiu.

Todo nosso entorno é o resultado do nosso pensamento.

É importante compreender que qualquer inclinação que venha a forçar a vontade resultaria prejudicial e deve ser evitada.

Uma vez que somos é totalmente conscientes do lugar que ocupamos e do poder da vontade em nossa esfera mental, mantendo em funcionamento a energia criativa ao formular nossos desejos, compreendemos que a vontade pode treinar-se e nunca voltaremos a nos sentir bem sem utilizá-la constantemente, pois já seria como viver pela metade.

A melhor maneira de reforçar a vontade é praticar exercícios com esse único propósito, recordando sempre, ao realizá-los, que nosso esforço está orientado para a autoaprendizagem e o autocontrole.

Com uma vontade bem desenvolvida e treinada, seus pensamentos nunca se afastarão da consciência de que tudo faz parte da vida e é, portanto, bom e de que a natureza, desde sua aparência física até suas profundidades mais arcanas, é um silo de bondade.

Em seu poder está a chave dos seus maiores tesouros e seja o que for o que mais o atraia em qualquer momento e lugar, há de saber que no referido momento estará em contato com o Espírito da Vida.

Ao compreendê-lo, beberá dos mananciais universais de energia vital que convertem a existência em um ato de alegria e que, por meio da irradiação das suas vibrações, podem afastar qualquer experiência prejudicial.

É essa, com toda segurança, uma razão suficientemente boa para desenvolver a vontade.

A vontade é frágil por falta de exercício.

Formá-la é como um treino para fortalecer os músculos: seu desenvolvimento é gradual. Só a vontade pode desenvolver a vontade; por isso se começa com a que dispõe, que se amplia e se reforça através da ação sobre si mesma.

A vontade fraca manifesta-se de duas formas: a falta do excesso de atividade e a apatia.

É conveniente começar cada dia com a resolução de não se precipitar, nem deixar alguma tarefa sem acabar.

Esforçar-se neste sentido tem um valor incalculável.

Em sua mente, deve haver somente um objetivo no tocante ao exercício da vontade: seu desenvolvimento e fortalecimento.

Nesse momento, não alimente pensamento nenhum acerca da melhora das suas aptidões ou habilidades, pois, se estiver presente qualquer motivo ulterior, se perderá de vista a formação da vontade, que é o principal.

PRÁTICA DA VONTADE

Cultive a sensação de alegria, de satisfação e comece o exercício com a dita sensação, decidido a terminá-lo com uma atitude mental feliz.

Isto é muito importante.

Conclua o exercício em um momento em que as interrupções sejam menos prováveis, durante sete dias consecutivos, dez minutos seguidos ao dia.

Se durante a prática acontecer alguma interrupção, comece de novo, desde o princípio.

Se um dia esquecer-se do exercício antes de finalizar a série de sete dias, comece de novo, desde o primeiro dia, até que consiga finalizá-lo ininterruptamente.

Tenha papel e lápis à mão antes de começar.

Em seguida, pegue cinquenta palitos de fósforo, contas, botões, pedaços de papel ou qualquer outro tipo de objeto pequeno e deixe-os lenta e pausadamente no interior de uma caixa, um a um, com uma sensação de alegria e satisfação, declarando a cada movimento:

Faço-o, exercendo a minha vontade.

O pensamento mais importante é que esteja treinando-se para obter o fruto de contar com uma vontade formada e essa é a razão por que há de cultivar a sensação de alegria.

O único método através do qual pode estudar o desenvolvimento da vontade é mediante a autoanálise e a introspecção, de modo que quando tenha finalizado a prática, façam-se perguntas como estas:

– *Que pensei sobre o exercício enquanto o fazia?*

– Acreditei que ia cultivar a vontade realmente, ou melhor, o fiz só porque me disseram que o fizesse?

– Estive concentrando-me de forma correto enquanto atirava os palitos na caixa, ou preocupava-me mais com a maneira como caiam, ou melhor, distraí-me com outros pensamentos bons ou maus?

– Estive titubeante sobre quando ia terminar, ou pelo contrário estive alimentando conscientemente pensamentos de sensação e alegria?

– Tinha a sensação de estar em tensão ou de estar fortalecendo a minha vontade?

– *Creio de verdade que acabarei formando a vontade se persistir o tempo suficiente para demonstrá-lo?* etc.

Escrevi esta série de perguntas e respostas no papel.

Será interessante e alentador reler esses pensamentos mais tarde, para observar seus progressos.

Pode estimular o interesse nesse exercício variando sua determinação ou seu propósito. Quer dizer, pode manter uma atitude consciente de alegre vontade de poder, outra de forte vontade de poder, outra de pacífica vontade de poder e inclusive outra de satisfação etc.

Essas variações no exercício reportam à consecução de uma vontade firme e forte, e igualmente o uso inteligente dela.

CAPÍTULO 4

COMO FAZER QUE A MENTE SUBCONSCIENTE TRABALHE PARA VOCÊ

*A força mais potente do universo
é a influência da mente subconsciente.*

*A formação adequada para encontrar a correlação
entre as faculdades subliminares e os objetivos
é a chave mágica que revela o maior dos tesouros:
a faculdade de recordar.
E com a recordação que chegam as reflexões naturais,
a visão, o reconhecimento, a cultura e tudo o
que tende a converter o ser humano num deus,
ainda que seja num estado embrionário.*

Dr. Edwin F. Bowers.

ENTRE NO ESPÍRITO DO SEU DESEJO

Todos contam com o mesmo poder em sua mente subconsciente para atraírem aquilo que desejam por meio dos seus próprios esforços.

Se desejar imprimir ou gravar em sua mente subconsciente a sensação de felicidade, deve meditar primeiro acerca de sua visão de felicidade.

Observar de que modo o afeta.

Se em resposta à sua meditação, sente-se relaxado e confiante, pode estar seguro de que sua mente subconsciente ficou impressa com esse pensamento.

Não existe limite para o poder criativo da mente subconsciente, uma vez que ficou gravado com a intenção.

A mente subconsciente é, na essência, a mesma que a Mente Subconsciente Universal, a que está inseparavelmente conectado.

Há de compreender que sua mente subconsciente recebe suas impressões da mente objetiva e nunca do material. Portanto, é necessário apartar seu pensamento daquele material ou físico que deseja e repousar mentalmente no seu símbolo espiritual, que é a origem inerente da sua formação.

Tudo o que sabemos do invisível o obtemos a partir da observação do que ocorre no plano do visível.

Esforce-se por se compreender na condição de espírito puro, cuja qualidade essencial é o bem.

O espírito puro é vida pura e naturalmente, o único que possa desejar é manifestar cada vez mais vida, independentemente das formas através das quais se manifesta. Em consequência, *quanto mais pura é a intenção, mais rapidamente passa à mente subconsciente*, que no mesmo instante a transmite à Mente Universal.

PRÁTICA PARA ALCANÇAR SEUS DESEJOS

Se o seu desejo é conseguir uma casa, uma cadeira, uma quantidade determinada de dinheiro ou qualquer outra coisa, o que deve considerar antes de tudo é como se originou o objeto desejado.

Ao meditar sobre o espírito original do objeto em questão, estará pondo em funcionamento o poder criativo da mente subconsciente, a qual está em contato com toda a energia criativa que existe.

Suponha que o que deseja seja uma casa. Deve ir ao seu conceito original.

A ideia de uma casa tem sua origem na necessidade primária de refúgio, de proteção frente aos elementos e também de comodidade.

A partir desses desejos originais se manifestarão nossas vivendas atuais. Assim, pois, inicie a construção de uma casa em sua própria consciência, mantendo só pensamentos harmoniosos e construtivos.

Este tipo de pensamento proporciona à mente subconsciente um bom material com o que trabalhar, e conforme seja sua disposição para se deixar sugestionar, junto com seu próprio poder criativo, continuará sua formação e acabará dando lugar à casa.

De modo que em primeiro lugar deve formar-se em sua mente objetiva uma ideia clara do tipo de casa que deseja: se é de um andar ou mais, o número e o tamanho dos seus cômodos, quantas janelas e portas teria... Em poucas palavras, há de imaginar mentalmente a casa toda, tanto interior quanto exteriormente.

Percorra-a inteiramente: veja o exterior, logo entre e examine-a cuidadosamente do sótão até os telhados. A seguir, deixe de lado essa imagem e concentre-se no protótipo espiritual da casa.

Para achar o protótipo espiritual de qualquer objeto, o método mais simples é perguntar-se a si mesmo que utilidade vai trazer-lhe; o que envolve. Em outras palavras, qual é a razão da sua existência?

Toda coisa física ou material é o resultado de uma ideia que está primeiro na consciência. Essas ideias, que são de natureza universal, especificam-se através da imagem mental e do esforço concentrado. O hábito de criar os pensamentos – se persistir nele – abre o caminho para a manifestação física da imagem mental, seja lá o que for.

VIVER SENTINDO-NOS PROTEGIDOS

A sensação de proteção estabelece-se em nosso interior à mercê do conhecimento de que estamos protegidos pelo Todo Poderoso, Onipresente e Inteligente Poder da Vida.

Então, se sabe claramente que se está vivo e esse saber comporta uma sensação de segurança que nada físico pode nos oferecer.

Uma das sensações mais satisfatórias e reconfortantes que existe é a de estar protegido desde o íntimo de si mesmo.

A proteção é uma qualidade inerente à vida, por isso ocupa todo o espaço e está sempre disponível para que se lhe invoque em qualquer forma de expressão.

Na mente do ser humano radica um poder que nos permite entrar em contato com o ilimitado e Universal Poder de Deus e envolver-nos nele.

É necessário esforçar-se para manter na mente em todo o momento a presença do próprio Ser Real, que é a única proteção verdadeira, uno com toda Vida e Inteligência, a qual não só nos protege, mas que, além do mais, facilita tudo a nós.

COMO DESENVOLVER
A SAÚDE E A HARMONIA

Para melhorar a saúde física, há que se esforçar em manter o pensamento tão harmonioso quanto for possível e imaginar mentalmente que se está bem e que se exercem essas atividades úteis e alegres da vida cotidiana, que uma pessoa saudável faria de maneira natural, compreendendo sempre que o Princípio Criador da Vida deve atuar em si mesmo harmoniosamente, a fim de produzir resultados físicos aprazíveis.

Se dirigirmos o pensamento à imagem mental do estado de saúde que desejamos ter, independentemente das condições ou sintomas que tenhamos, poderemos desenvolver essa imagem mental e viver no seu protótipo firmemente.

Desse modo, a imagem mental seria uma semente que semeamos para que o pensamento fique gravado na mente subconsciente, iniciando assim o modelado pela sua energia criativa e dando passagem a uma verdadeira transformação em nosso interior.

Nunca tente obrigar-se a crer no que sabe que não é verdade, a menos que sua fé se eleve sobre o sólido fundamento da convicção absoluta, nunca poderá utilizá-la de modo prático.

O protótipo do dinheiro é Valor e o método para manifestar mais dinheiro consiste em imaginar mentalmente a soma que necessitamos para um propósito específico.

Depois de criar uma imagem clara e definida, devemos aumentar nossa visão do dinheiro como o símbolo de valor da vida aplicado ao uso que tencionamos lhe dar.

O dinheiro é o fator mais importante do intercâmbio construtivo com que contamos atualmente.

MANTENHA O PENSAMENTO DO QUE É PARA QUE SE GUIE PARA O QUE QUEIRA SER

A energia criativa possui apenas uma maneira de operar: mediante a ação recíproca, partindo da Mente Universal à sua mente subconsciente, para logo ir, em sentido contrário, desde sua mente subconsciente até a Mente Subconsciente Universal, que é a sua origem e que, invariavelmente, responde ao pensamento.

Seu principal objetivo deveria ser convencê-lo, sem sombra de dúvida, de que o Espírito Criador que originou tudo quanto existe é a raiz da sua individualidade.

Só há uma causa primigênia: a Mente Subconsciente Universal, da qual sua própria mente subconsciente faz parte.

Para que o compreenda é necessário gravar nesta última a realidade da sua relação com o Todo Ilimitado.

Conecte todos os seus pensamentos e sensações com o melhor que há em você.

Esta antiga referência contém muita razão:

O que vês é o que crês;
se o que vês é pó, crês no pó;
se vês a Deus, crês em Deus.

Os pensamentos se convertem em um fato real em nossa mente, assim como em nosso plano físico, e por isso devemos manter o pensamento do que realmente somos para nos converter no que gostaríamos de ser.

Há de considerar-se a mente subconsciente individual como o órgão do absoluto e a mente objetiva como o órgão do relativo.

Se modelar seu pensamento dizendo à sua mente subconsciente uma e outra vez que é o único poder criativo, desfrutará das alegrias do êxito.

COMO ALCANÇAR A
CONEXÃO COM NOSSO PODER CRIATIVO

Não tente converter as coisas no que não são.

A mente subconsciente é subjetiva porque se encontra por debaixo do umbral da consciência. É o Edificador do Corpo, mas não pode ver, ouvir, nem sentir como o constrói.

Mantenha na sua mente consciente a tranquilidade de saber que a mente subconsciente está sempre funcionando de acordo com o pensamento habitual da sua mente objetiva.

Não necessita fazer nada mais, a mente subconsciente se ocupará de si mesma.

Como podemos manter nosso pensamento consciente dentro de uma corrente vital de alegria e de generosidade?

A resposta é muito simples, ainda que talvez pareça antiquada: olhando para Deus.

Para isso, tente sentir o Espírito Divino Universal fluindo perpetuamente por meio de tudo quanto existe.

Contemple serenamente o Espírito Divino como um fluir contínuo de Vida, Luz, Inteligência, Amor e Poder e descobrirá que essa corrente flui através de si e se manifesta de forma constante, tanto mental quanto fisicamente, em todos os seus assuntos.

Prepare-se interiormente com uma atitude mental que olhe para a luz – Deus é Luz – com a esperança de receber vida e iluminação e exteriormente não negando com suas ações o que está tentando manter em seu pensamento.

O Espírito, ao fluir através de você, converte-se em você e se converte precisamente no que se considera que é, do mesmo modo que a água adota a forma do conduto pelo qual flui. O Espírito adota a forma dos seus pensamentos.

É enormemente sensível.

Imagine o quanto sensível que deve ser o Princípio da Vida. Pense nisso. Pense nisso seguidamente, com bondade, com carinho e com confiança e lhe corresponderá como um amigo que lhe dá as boas-vindas.

Se procurar analisar o Espírito Divino conseguirá somente obscurecer a Luz. Não se pode desassociar a Deus.

Permita que suas ideias se convertam em desejos que possam ser observados sob a Luz Divina, que cresçam serenamente a partir de si mesmas e poderá observá-las na sua autêntica e verdadeira luz.

Como o Espírito é Infinito, através da oração e da meditação é possível beber dele para aumentar a inteligência viva.

FLUIR DE ACORDO COM
A VERDADEIRA ORDEM

O *Poder é de Deus* e o recebe o Ser Humano, que por sua vez o exerce sobre a natureza.

Esta é a ordem verdadeira.

Nossa fé é nosso autêntico pensamento.

Se este autêntico pensamento nosso consiste em uma expectativa de enfermidade e pobreza, essa será nossa fé e creremos no poder da enfermidade e da pobreza, às quais abriremos as portas de par em par.

Ao crer simplesmente nas promessas divinas, transfere-se toda responsabilidade ao Espírito Divino – a mente subconsciente – e através da atitude mental receptiva alguém se converte no *companheiro de trabalho* de Deus.

Deixemos, pois, que o Espírito Criativo opere em nós, para nós e através de nós.

Um significado do símbolo maçônico da estrela de cinco pontas é que tudo regressa ao seu lugar de partida.

Comece desde o ápice do triângulo e trace uma linha ao seu redor: indubitavelmente chegará de novo ao ápice. Assim, pois, se toma como ponto de partida o Céu, regressará a ele e ao Poder Divino; mas, se o seu ponto de partida é a Terra, retornará a ela, pelo que a estrela ficará delineada como um triângulo invertido.

Agora, dispõe de todo material necessário para assentar as bases de uma superestrutura de fé absoluta em Deus dentro de si, que é sua mente subconsciente e para ir construindo-a pouco a pouco.

Este conhecimento, bem fundamentado, lhe proporcionará o domínio sobre qualquer circunstância e condição adversa, porque estará em contato inconsciente com uma energia ilimitada:

Só hás de crer em teu Deus interior e tudo te será possível.

CAPÍTULO 5

AJUDAS RÁPIDAS E CONCRETAS

Neste capítulo são oferecidos, da maneira mais rápida possível, os meios através dos quais você poderá enfrentar os obstáculos da vida e as circunstâncias que corroem a alma, o espírito e o corpo.

Integre estas recomendações e instruções em sua vida mais íntima e as mantenha ativas através do uso cotidiano.

A ANSIEDADE

Quando circunstâncias da sua vida estiverem fugindo ao seu controle, trazendo descontentamento, mude o foco de atenção – , saia de casa e usufrua do ar livre todo o tempo que puder.

Esforce-se, caminhe pelo menos três ou quatro quilômetros por dia, respire o ar fresco profundamente e mantenha este pensamento em mente:

Neste momento estou inspirando a Vida, o Amor e o Poder do Universo.

Não permita que seu pensamento repita velhos hábitos e inunde sua mente.

Foi-lhe concedido o controle sobre todas as condições adversas através do poder do pensamento, insista no reconhecimento deste fato.

Compreenda que tudo o que sucede agora no seu pensamento e nas suas emoções é positivo.

Em consequência, as circunstâncias externas lhe responderão.

A AUTOCOMPAIXÃO

É causada por uma falta de força de vontade e implica o fracasso porque se carece da fortaleza para lhe dar a energia vital, todavia, informe, o pensamento necessário para lhe produzir os resultados desejados.

O controle mental absoluto é o único que necessita para fazer, ser ou ter o que deseje. Sem ele, suas forças cairão dispersas.

Se permitir que os pensamentos discorram sem nenhum controle, as circunstâncias da sua se tornarão caóticas.

Por exemplo, se um amigo faz algo que você não aprova, evite deixar que o pensamento se entretenha na injustiça cometida pelo seu amigo, pois continuar dando-lhe voltas, só lhe produzirá mais amargura.

Controle o pensamento e não pense na sua amizade de modo pernicioso. Em vez disso, considere os muitos e bons atributos da amizade e isso restaurará a harmonia.

Faça o mesmo a respeito da situação atual em que se encontre.

Não a imagine mentalmente dizendo a si mesmo:

Não o suporto!

Em lugar disso, repita esta gloriosa verdade:

Minha mente é um centro de operações divinas.

As operações divinas sempre implicam avanços e melhoras. Ao se fixar com fé neste raciocínio, assim o experimentará.

O CIÚME

O ciúme é o maior inimigo do amor, e se permitimos que se instale em nossa consciência, acabará destruindo nossa capacidade de desfrutar da vida.

É a reação do medo de perder algo, mas pode superar-se através da oração e da atenção.

Deve raciocinar da seguinte maneira:

Deus é Vida e Amor.
Eu sou vida e amor.
Não posso perder nem o Amor,
nem a Vida.

Quando se sentir tentado pelo ciúme, caminhe longas distâncias com toda frequência que lhe seja possível e dirija seu pensamento ao Amor, não só ao da pessoa a quem ama, mas ao conceito de Amor e seus atributos.

Pense em Deus como Amor, mantenha afastados da sua mente todos aqueles pensamentos relacionados com suas circunstâncias pessoais e descobrirá que o amor brotará de si mesmo como de um manancial inesgotável de amor e vida que preenche e acalma sua consciência.

A IRA

Quando a ira o agite, respire fundo e concentre seu pensamento no ar que recebe, visualizando-o como se fosse formado de raios de luz e respire cada vez mais profundamente.

Continue com as respirações profundas até completar vinte e cinco vezes; conte cada uma delas e conte até sete. Em seguida, expire lentamente, mantendo o pensamento na inspiração, vendo mentalmente como percorre seus pulmões e penetra em todas as partes do seu corpo como se fossem raios de luz. Logo, medite sobre qualquer pensamento positivo relacionado consigo mesmo, como o de ser uno com a vida e o bem.

Praticando desta maneira, não tardará em reduzir sua tendência à ira.

A CULPA

No instante em que comece a se culpar por haver feito algo mal, deixe-se levar por este pensamento em sua consciência e elimine qualquer outro:

A Inteligência e a Sabedoria infinitas estão expressando-se em mim neste momento cada vez com mais intensidade.

Realize também este exercício: flexione o corpo sem dobrar os joelhos de modo que toque o solo com as pontas dos dedos, inspirando ao levantar o corpo e expirando cada vez que o flexione.

Repita-o dezesseis vezes, acompanhado da afirmação anterior.

A DECEPÇÃO

Esta sutil energia destrutiva deve apagar-se completamente através do seu contato direto com toda a alegria que existe, porque você é único com sua origem: a Bondade Universal.

A vida quer expressar alegria através de você.

Como está aqui com este propósito, pode e deve desfrutar de todo o bem que a Vida tem a lhe oferecer.

Realize exercício físico enquanto se concentra neste pensamento.

Um bom exercício é sentar-se em uma cadeira e inspirar profundamente, para ir em seguida, expirando pouco a pouco.

Enquanto faz isso flexione lentamente o tronco até tocar o solo com as pontas dos dedos.

Repita-o sete vezes com a seguinte afirmação:

> *Neste momento*
> *a alegria de Deus*
> *flui em mim*
> *e através de mim.*

O DESÂNIMO

Trata-se do fracasso de sua parte na hora de reconhecer a Todo-poderosa e Ilimitada Fonte de Energia – Deus – como sua companheira que nunca falha.

Quando se sente assaltado pelo desânimo, pergunte-se imediatamente:

Que energia me criou e com que propósito?

Logo repita lenta e com consciência atenta:

Creio firmemente que Deus é uma fonte de energia e proteção onipresente e inalterável.

Observe seus pensamentos e evite que qualquer coisa contrária a esta afirmação assuma sua mente.

Aferre-se a ela com toda a sua vontade e desta forma conseguirá eliminar o desânimo e a crença de que este encerre algum poder e energia.

O DESCONTENTAMENTO

Quando esse inimigo da paz e felicidade comece a avançar, cante, cante e cante em voz bem alta, se puder e senão, faça-o mentalmente.

Cante qualquer coisa que lhe agrade.

Observe sua respiração, e todas as noites, introduza na sua mente subconsciente o pensamento de que Deus o criou com o propósito de expressar todas as harmonias da Vida, tanto dentro de si quanto através de si, e que seu direito divino é SER harmonia e SER harmonioso em sua experiência cotidiana.

Medite sobre a harmonia que vê expressa na natureza e esforce-se por trazê-la em seu pensamento, para logo expressá-la através de si.

A DESGRAÇA

Um estado de ânimo sempre desditoso é o resultado direto de considerar a vida a partir de uma perspectiva física, como se essa fosse a única realidade da existência.

Todas as noites, antes de acordar, introduza em sua mente subconsciente o seguinte pensamento:

Só há uma Mente com a qual possa pensar em mim e essa é a Mente do Amor e do Poder Divinos.

Medite pela manhã sobre isso.

A ENFERMIDADE

Se o corpo é a expressão do pensamento, a enfermidade é o resultado de crer que o corpo está submetido a ela.

Explique-se a si mesmo, muitas vezes ao dia, que toda enfermidade física é o resultado de pensamentos negativos.

Quando tiver aceitado realmente como verdadeira essa declaração, cuidar-se-á de manter somente pensamentos sãos e harmoniosos sobre si mesmo e sobre os demais.

Por exemplo, diante de uma dor de cabeça que aos poucos vai se intensificando, comece de imediato a respirar fundo e a cada inspiração repita a si mesmo que a respiração é a Vida e que a vida é uma saúde perfeita:

Estou vivo e a saúde da vida manifesta-se em mim neste momento.

A INVEJA

A inveja é produzida por uma sensação com respeito a Deus e à bondade.

Esforce-se em reconhecer que tudo o que a vida tem a lhe oferecer está presente na sua totalidade a cada momento e em todo lugar, e que isso se converterá em uma expressão visível para si através do reconhecimento persistente que tenha deste grande fato.

A INDECISÃO

Trata-se da falta de percepção de que sua inteligência é o instrumento através do qual a Inteligência Universal assume forma concreta.

O esforço por compreender isso deveria converter-se em um hábito mental, em lugar dessas espasmódicas tentativas que se fazem quando surge a necessidade de decidir.

O MEDO

Disse um escritor que o medo é o único mal que existe.

Com certeza se trata da energia mais destrutiva que alguém pode albergar.

Quando o medo chegar para atacá-lo, feche a porta a ele com este pensamento positivo:

O pensamento é a única energia criativa que existe.

Tudo é possível para quem crê que Deus criou o homem, fê-lo com o propósito de expressar ao seu filho.

Seu amor Paterno e Sua Proteção.

Creio em Deus, o Pai Todo Poderoso que é minha inteligência e minha vida, manifestando-se agora na minha consciência.

Enquanto pensa nisso, caminhe com energia, ou melhor, realize exercícios físicos extenuantes.

Sempre que sinta que o medo aparece, iniba-o imediatamente, substituindo-o por qualquer pensamento que afirme o poder de Deus que há dentro de si.

Em poucas palavras, o medo supera-se totalmente eliminando-se qualquer pensamento que possa fazer-nos crer em outro poder que não seja o de Deus, o do espírito da Vida e o Amor, que é nosso próprio direito de nascimento.

A SENSIBILIDADE EXCESSIVA

Uma mente sensível ao extremo é simplesmente uma mente egoísta.

Sentimo-nos ofendidos porque alguém disse ou fez algo que não nos agrada.

Ou, pelo contrário, essa pessoa não sabe dizer ou fazer o que nós cremos que deveria dizer ou fazer.

Para erradicar esse hábito de pensamento tão prejudicial, deve utilizar-se o mesmo método descrito na *autocompaixão* e se tem fé no seu trabalho mental, seus esforços serão recompensados e se liberará facilmente desse hábito pernicioso.

CONCLUSÕES

Para finalizar, talvez resultasse útil oferecer uma ideia definida, como uma fórmula, acerca de como atuar e como obter o que se quer.

Em primeiro lugar, devemos acercar-nos de tudo o que possamos para ser um reflexo da ideia que temos de Deus, tanto em pensamento quanto em ações.

De início, pode parecer impossível acercar-se assim de um objetivo, mas refletir sobre o pensamento de que Deus nos fez a partir de Si mesmo porque desejava ver-se e sentir-se a Si mesmo em nós, nos ajudará a perseverar.

Na infância, quando começamos a aprender a ler, sentimos o maravilhoso que seria poder fazê-lo como os adultos e por isso continuamos tentando até alcançar esse objetivo.

Talvez agora mesmo tenha um grande desejo pelo qual estaria disposto a dar a vida.

Na realidade, é necessário somente que comece dedicando-se alguns poucos instantes por dia, esforçando-se por penetrar nessa ideia de Deus e vivendo nela.

Logo, procure descobrir o Protótipo Espiritual do seu desejo, inibindo todo pensamento físico desse desejo.

Se o que deseja é encontrar uma pessoa com a qual realmente compartilhe sua vida, feche a mente por completo a toda personalidade e ser físico e concentre-se no pensamento e na sensação do Espírito do Amor e da verdadeira camaradagem, sem fazer referência a nenhuma pessoa física.

A pessoa é o instrumento através do qual se manifestam essas qualidades concretas e não as qualidades em si mesmas, algo que costumamos compreender quando já é demasiado tarde.

Pode ser que, talvez, o que deseje seja melhorar sua situação econômica. Neste caso, tampouco é o dinheiro o que anda buscando, mas o que este simboliza: Identidade, Liberdade e Superação das carências. Portanto, deve buscar um momento de solidão, de manhã e à noite – ou em qualquer outro momento em que esteja seguro de que não o incomodarão – e meditar sobre sua verdadeira relação para com Deus.

Uma vez que sua sensibilidade se tenha estimulado até alcançar o ponto da certidão, deverá meditar acerca da onipresente e imperecível liberdade essencial de Deus.

Tente não perder de vista o fato de que o ímã mais potente para atrair o êxito material são as ideias.

Existem muitas possibilidades de captar algumas dessas ideias que geram êxito se perseverar na hora de seguir as sugestões mencionadas neste livro.

Ao fazê-lo, não só irá captar a ideia, mas também o valor para pô-la em prática.

Este valor dirigido a um uso positivo lhe trará o objeto do seu desejo: coragem, amor, amizade, saúde, felicidade e essa paz que ultrapassa toda a compreensão.

Que tudo isso venha a você abundantemente.

GLOSSÁRIO

ABSOLUTO

*O que carece de limites,
restrições ou qualificação.*

Dicionário Webster.

*Uma ideia em que são totalmente ausentes
os elementos do tempo e do espaço.*

Troward.

Exemplo: pensar no absoluto seria simplesmente estender-se nas qualidades intrínsecas do amor, sem fazer referência a quem se ama ou às diversas formas em que se expressa o amor.

AMOR

A Vida Universal e a Lei Universal são únicas. A Lei do seu ser – sua vida – é que foi feito à imagem de Deus – o Poder Criador que o engendrou – porque você é Deus numa escala distinta. A lei da vida é que a mente é a individualização da Mente Universal no estado evolutivo em que a própria mente logra a capacidade de raciocinar a partir do visível e do invisível, assim penetrando depois o véu da aparência externa. Deste modo, ao possuir em si a faculdade criativa, seus estados mentais e suas formas de pensamento estão destinados a cristalizar em seu corpo e em suas circunstâncias.

Troward.

CÉREBRO

É o instrumento pelo qual se expressa a ação da Mente Universal em forma concreta, mediante pensamentos individuais.

O cérebro não é a mente, mas sim, seu instrumento.

CIRCUNSTÂNCIAS

São o efeito externo que responde à tendência interna do pensamento.

CONCENTRAÇÃO

É levar a mente a uma situação de equilíbrio que nos permita dirigir conscientemente o fluxo do espírito até um propósito definido e reconhecível, impedindo que nossos pensamentos induzam um fluxo contrário.

Troward.
Conferências de Edimburgo sobre Ciência Mental.

CONCEITO

Disse William James que "não denota nem o estado mental, nem o que implica nesse estado mental, mas a relação entre ambos".

CONSCIÊNCIA

É a atividade da mente que lhe permite distinguir entre si mesma e a forma física em que se manifesta.

CONDIÇÕES

São o resultado das tendências mentais.

O pensamento harmonioso produz condições físicas e materiais harmoniosas que dulcificam mais o pensamento.

CRIAR

Fazer existir.

O pensamento é criativo porque manifesta na existência, tanto física quanto objetiva, formas que se correspondem consigo mesma.

CRENÇA

Certa qualidade do poder criativo do pensamento que se manifesta no plano externo respondendo exatamente à qualidade da crença mantida. Se crê que seu corpo está submetido à enfermidade, o poder criativo do seu pensamento sobre ela dará lugar a um corpo enfermo.

Troward.
Conferências de Edimburgo sobre Ciência Mental.

CRISTO

Um estado de consciência muito elevado e de uma qualidade sensível que se manifesta fisicamente. O conceito espiritual mais perfeito.

CORPO

É o instrumento pelo qual se expressam os pensamentos e as sensações. O envoltório da alma.

ESPÍRITO

É impossível poder analisar a natureza do Espírito, mas podemos compreender que, seja o que for, se trata de um poder autogerador que atua e reage em si mesmo, autorreproduzindo-se em formas inconcebíveis, desde o cosmos até o ser humano – igual à mente que atua e reage sobre si mesma ao memorizar.

É a origem de todo o visível.

Como é independente do tempo e espaço, deve ser pensamento puro.

Trata-se de uma força ou energia criativa automática e reativa, não física.

Sua ação só pode pensar-se, porque o pensamento é a única ação não física concebível.

FÉ

As promessas divinas e a fé individual estão relacionadas. Combiná-las e não haverá limite par o que possa fazer com a energia criativa do pensamento.

Todo convite a ter fé em Deus é um convite a ter fé no poder do próprio pensamento acerca de Deus.

Troward.

A fé é um estado de ânimo de confiada expectação.

Uma atitude mental assim prepara a mente para a ação criativa do Espírito vital.

Tenha fé na força do seu próprio pensamento.

Já experimentou em muitas ocasiões o que pode fazer.

A afirmação de Jesus:

Tenha fé em Deus e nada lhe ser impossível.

Não é simplesmente uma forma de falar, mas um fato científico expresso de forma simples.

Seu pensamento individual é o funcionamento especializado do poder criativo da vida – de toda vida.

INTELIGÊNCIA

A Mente Universal Infinita.

A inteligência mais elevada é a mente que sabe que um instrumento da Inteligência que a criou.

MORTE

Ausência de vida.

Perda de consciência, sem capacidade de recuperação.

Se um pensamento foi eliminado por completo da consciência e não pode recordar-se, estará morto para si.

PALAVRA

É o que inicia a vibração etérica da vida movendo-se em uma direção particular.

A semente de que cresce o objeto.

Semeia sua palavra-semente na mente subconsciente do Universo e poderá estar seguro de que receberá algo como resposta; isto é tão certo quanto a semente de papola produzir papolas.

A fé proporciona substância ao invisível – o mundo invisível ou o pensamento invisível.

PENSAMENTO

É a ação concreta do Espírito ou Mente original e criativa.

SER

A vida, essa força vital informe
que controla condições e circunstâncias.

Troward.
Mistério e Significado da Bíblia.

VERDADE

O que vive em você é verdade para você.

VISUALIZAÇÃO

Visão interior ou mental.

O poder criativo da vida adotado de uma forma particular.

O ato de produzir em sua mente a imagem de qualquer ideia contemplada.

CONHEÇA TAMBÉM OUTROS LIVROS DA "COLEÇÃO NOVO PENSAMENTO"

A FORÇA DA MENTE E O PODER DO PENSAMENTO
Henry Thomas Hamblin
14x21 cm • 102 páginas • ISBN: 978-85-8189-038-8

CONHEÇA TAMBÉM OUTROS LIVROS DA "COLEÇÃO NOVO PENSAMENTO"

A FORÇA DA MENTE E O PODER DO PENSAMENTO
Henry Thomas Hamblin
14x21 cm • 102 páginas • ISBN: 978-85-8189-038-8

CONHEÇA TAMBÉM OUTROS LIVROS DA "COLEÇÃO NOVO PENSAMENTO"

O SEGREDO DO SUCESSO
William Walker Atkinson
14x21 cm • Em Produção